AF456454

LES
SOVSPIRS
AMOVREVX
DV SIEVR
BERTHELOT.

A PARIS,
Chez CARDIN BESONGNE, au Palais,
au haut des degrez de la Ste Chapelle,
aux Roses vermeilles.

M. DC. XLVI.
AVEC PRIVILEGE DV ROY.

LES

SOVSPIRS AMOVREVX

DV SIEVR

BERTHELOT.

A PARIS

[illegible]

M. DC. XLI.

AVEC PRIVILEGE DV ROY.

Prelude.

SONNET.

IE n'escry point icy de guerres ny d'allarmes,
De surprises d'assauts ny de sanglans cõbats,
Ny des fleuues grossis par du sang & des larmes,
Qui portent dans la mer l'image du trespas.
Ie n'escry point l'horreur que font naistre les armes,
Lors qu'vn peuple se voit le butin des Soldats,
Ny l'effroy qu'autrefois par l'vsage des charmes
La femme de Iason fit regner icy bas.
I'occupe mon esprit en vn plus bel ouurage,
Et picqué des beautez du plus rare visage,
Dont iamais en ces lieux l'eclat nous ait charmé.
Ie veux dedans ces vers que la douleur m'inspire
Desseigner ses attraits en plaignant mõ martyre,
Et faire s'il se peut que ie sois plus aimé.

Aux Ambitieux.

SONNET.

Esprits ambitieux que l'obiet de la gloire,
Par des traits eclatans émeut si puissammẽt
Grands cœurs dont les exploits fournissent à l'histoire
Tant de pompe, d'eclat & d'embellissement.
Quittez ces hauts desseins de prise & de victoire
Si ce n'est point seruir Phillis plus dignement,
Et venez auouer qu'au temple de memoire,
Vous ne sçauriez placer rien qui soit si charmãt.
N'allez plus rauager les deux bouts de la terre,
Voguer sur l'occean ou chercher dans la guerre,
Dequoy borner les soins qui vous viennent flatter.
Venez voir ma Phillis cette beauté diuine,
Quelque ardente que soit la soif qui vous domine
A dedans ses appas dequoy vous contenter.

LES VIVES DOVLEVRS.

SONNET.

MOn esprit est blessé d'vne mortelle atteinte
Depuis que tõ courroux s'est aigry cõtre moy,
Ie vy dans la langueur, ie n'ay que de la crainte
A l'obiet des rigueurs dont tu braues ma foy.

Cruelle, dont l'amour ne fut iamais que feinte,
Tu me vois sans pitié dans vn mortel effroy,
Vn roc s'amoliroit aux accens de ma plainte;
Et seroit à mes maux plus sensible que toy.

Ie ne m'abuse point en ce iuste reproche,
L'inhumaine n'est pas d'vn naturel de roche,
Ie l'espreuue plus dure en mes viues douleurs.

Le plus ferme rocher quand vn torrent le laue,
Dans la suitte du temps s'amollit & se caue:
Mais elle s'endurcit au courant de mes pleurs.

LA BELLE MALHEVREVSE.

SONNET.

MOy, qui d'vn naturel autãt aimé qu'aimable,
Obligerois les Dieux de me dõner leur cœur,
Si ie viuois au temps que leur Thrône adorable
Releuoit d'vn bel œil comme de son vainqueur.

Ie languy neantmoins, captiue & miserable
Sous le joug d'vn mary si ferme en sa rigueur,
Qu'il condanne toûjours mon humeur agreable,
Et me fait ainsi viure en pleurs & en langueur.

Plus ie luy sẽble aimable & plus il me soubçonne,
Et sans que son humeur puisse excepter persõne,
Le moindre objet le choque, & le met en couroux.

Grãd Dieu! qui cognoissez les peines que i'ẽdure,
Ie ne demande point la fin de ma torture:
Mais plutost la vertu de souffrir cet espoux.

LE SONGE AGREABLE:

SONNET.

IE l'ay veu cette nuict, le pourra-on bien croire?
Au trauers du bãdeau qui m'ẽpéchoit les yeux,
I'ay veu sa belle main, i'ay veu son sein d'iuoire,
Et ses autres Beautez qui tenteroient des Dieux;

I'ay recognu son port, si graue & plein de gloire,
I'ay marqué sur son teint mille appas gracieux,
Et voyant tant d'éclat réueiller ma memoire,
I'ay creu que quelque Dieu m'eust placé dans les [Cieux.

Sommeil, qui sçais calmer les plus dures alarmes,
Si tu representois toujours les mesmes charmes
Ton Empire vraiment seroit plus estimé.

Qui t'oseroit nommer le Pere des mensonges
Si le plus malheureux voyoit dedans ses songes
Vn objet dont son mal demeureroit charmé.

LA COLERE MAL-FONDEE.

SONNET.

IE ne te pensois pas d'vne humeur si hautaine,
Ie n'eusse iamais creu cet injuste transport,
Ny que mes yeux tournés par hazard sur Climene
Par des traits innocens te blessassent si fort.

Ne veux-tu pas finir ton courroux & ma peine,
Ma faute & ta rigueur ont trop peu de raport:
Mais i'ay beau te prier, ie voy bien que ta haine
Ne se peut adoucir qu'à l'objet de ma mort.

Cruelle, qui pour moy n'as rien que de funeste,
Dont le plus doux regard m'est pire que la peste,
Et qui rends à mes soins d'injustes cruautez.

Toy, qu'vn jaloux soubçon a fait mon aduersaire,
Pour sauuer ton honneur appaise ta colere:
Vn dépit mal-fondé sied mal à tes beautez.

L'AMOVR INEGALE.

SONNET.

HElas! ie cognoy biẽ qu'à l'objet qui m'enflame
La plus haute Vertu ne peut pas m'excuser,
La plus rare Beauté me perd & me diffame,
Et que malgré ses traits on me doit accuser.

Ie sçay qu'en adorant les thresors de son ame,
Le plus beau de ses dons ne peut m'authoriser,
Et qu'aimant les beautez du corps de cette Dame,
On ne peut m'excuser sans me fauoriser.

Dures reflections, pitoyable auanture,
Verray-je tant d'éclat en vne Creature,
Sans oser m'eblouïr à sa viue clarté.

C'est ce que ie ne puis! & si ie fais vn crime,
Le Ciel en la formant l'a rendu legitime,
Puisque l'on ne sçauroit n'aimer pas la Beauté.

LA BONNE NVICT.

SONNET.

MOn Dieu la douce nuict! l'aimable réverie!
Les sõges que i'ay faits n'õt riẽ de rigoureux,
Ie croy que le Sommeil encore qu'on le prie
Ne peut pas mieux traitter vn esprit amoureux.

I'ay veu que ma Philis dedans vne prairie,
D'vn visage adouci m'appelloit bien heureux,
Et d'vn œil attrayant disoit sans flatterie
Qu'elle n'auroit iamais de dédains pour mes feux.

Alors en l'embrassant tout transporté de ioye,
Dãs les plus doux plaisirs où nostre ame se noye,
La belle a d'vn baiser recognu mes Amours.

Sommeil, que tes pavots produisent de merueilles:
Ah ! si i'auois souuent des visions pareilles,
Ie voudrois que mon sort fut de dormir toûjours.

LE SONGE FVNESTE.

SONNET.

O Cieux quel embarras! que d'especes cruelles
Par d'affreux pronostics ont troublé mō sōmeil,
Des morts, des cruautez, des projets infidelles
Ont gesné mon esprit iusques à mon réueil.

I'ay veu des corps occis par des mains fraternelles,
Des Demons m'affliger d'vn effroy sans pareil,
Des montagnes vomir des flames criminelles,
Et la mer de ses eaux menaçer le Soleil.

Affreuses visions, objets melancoliques,
Si mō trépas est peint dās ces portraits tragiques,
Pour saouler vos rigueurs ie descends au tōbeau.

Mais vous profitez peu dans cet injuste enuie,
Ie retreuue en Philis vne plus belle vie,
Et viuray plus heureux dans vn objet si beau.

LE DISCOVRS IMPERTINENT.

SONNET.

Pourquoy, chere Philis, m'accuser d'imprudẽce?
Vostre injuste rigueur se doit bien adoucir,
Ne sçauez vous pas bien que toûjours l'innocence
Treuue des médisans qui la veulent noircir?

Ne m'accuse-on pas d'auoir trop de constance?
Ou de n'estre animé que d'vn sale desir?
Vous sçauez neantmoins que dans nostre licence
Les baisers ont esté nostre dernier plaisir.

Puisque nous voyons bien que cet injuste blâme
Est vn trait dont l'Envie attaque nostre flame,
Cessons, chere Philis, de nous en affliger.

Ne nous contraignons pas, viuons à l'ordinaire,
Et recherchõs toûjours les moyens de nous plaire.
Pour étouffer ces bruits il les faut negliger.

LE FAVX RAPORT.

SONNET.

ON a dit à Philis qu'encore qu'elle m'aime,
Sa flame ne peut pas échauffer mes esprits,
Que mes soins, mes soûpirs, & mō ardeur extréme
Sont des mots affectez pour couvrir mon mépris.

Ie suis à ce raport & plus froid, & plus bléme
Que Cephale ne fut à l'objet de Procris.
Ie dépite les Dieux, ie iure, ie blaspheme,
Et combats leur grandeur par d'insolens écrits.

Ie crains auec raison que cet injuste blâme
N'aigrisse ses rigueurs, ne modere sa flame,
Et malgré tous mes soins ne la fasse changer.

Toutesfois ie m'abuse en cette aueugle crainte,
Ie ne doy plus pâlir pour vne mesme atteinte,
Elle a l'esprit trop bon pour croire de leger.

LA BELLE MALADE.

SONNET.

Amour, peux tu souffrir que ma Philis lãguisse?
Laneige de son sein se dissout tout en eau,
Ses roses ont pally, ses lys ont la iaunisse,
Et ses autres beautez sont proches du tombeau.

Pourras-tu bien souffrir que la mort s'enrichisse
Du debris precieux d'vn ouvrage si beau?
Qu'elle braue tes traits, & qu'vn des siens ternisse
Les beaux yeux dont les feux allumoiẽt ton flam-
[beau.
Dieu, ce traistre ialoux de l'honneur de sa mere,
Laisse mourir Philis afin de luy complaire,
Et qu'on ne doute plus laquelle a plus d'attraits.

Mais malgré les desseins de sa ialouse rage,
Philis est vn Soleil qui souffre quelque ombrage,
Et paroist aussi-tost plus brillant que iamais.

LA BELLE ECLAIREE.

SONNET.

POurquoy t'ingeres-tu de garder cette Dame,
Et de donner des loix à ses affections?
Son humeur qui n'a riẽ de l'humeur d'vne féme
N'est-elle pas conforme à tes intentions?

Croy moy, quitte ce soin & ces pensers de flame,
Laisse agir seulement ses inclinations,
Et ne crain pourtant rien d'indigne de son ame,
On voit trop de vertus regler ses fonctions.

Mais tu ne m'en crois pas, & tõ humeur austere,
Plus ie luy veux parler, plᵒ tache à m'en distraire,
Et tu ne quittes point cette ieune beauté.

O Dieu! que ce jaloux donne & reçoit de peine:
Mais s'il souffre beaucoup, si chaque objet le
C'est vne peine deuë à sa temerité. [gesne,

LE RETOVR DE PHILIS.

SONNET.

ENfin le Ciel touché de mes dures allarmes
M'a rẽdu ma Philis pour arester mes pleurs,
Enfin dedans l'Hyuer Paris revoit ses charmes,
Qui malgré ses rigueurs conseruent mille fleurs.

Sa veuë m'a surpris, & cent sujets de larmes
Sont venuës aussi-tost rafraichir mes douleurs,
I'ay creu que la Fureur pour exercer ses armes,
Sur cette vision retraçoit mes malheurs.

Ie ne pouuois penser que le Ciel fauorable
Se fust laißé toucher aux vœux d'vn miserable,
Et qu'il me fit revoir l'adorable Philis.

Que son heureux retour va causer de merueilles,
Paris en a receu des Beautez nompareilles,
Et son teint dãs l'Hyuer nous fait trouuer des lys.

LE PORTRAIT DE PHILIS.

SONNET.

IE veux faire vn Portrait, dõt la viue peinture
Malgré l'effort du temps brille dãs l'Vniuers,
Et malgré les rigueurs qu'exerce la Nature
Voye ſans s'alterer ſes changemens diuers.

Ie veux y retracer la plus rare aduanture
Que iamais vn Amant ait marqué dans ſes Vers,
Et faire à ſon objet que la Race future
Enuie mon bonheur & plaigne ſes reuers.

I'y peindray ma Philis, ſes rigueurs & ſes charmes,
Mes iuſtes deſeſpoirs, mes funeſtes allarmes,
Mes craintes, mes ſoûpirs, mes pleurs & mes trauaux.
Mais helas! quel deſſein mon eſprit ſe propoſe?
Croira-on que l'Amour d'vne ſi belle choſe
Et ma fidelité m'ayent cauſé tant de maux?

LE FRONT DE PHILIS.

SONNET.

Thrône de Majesté, beau front, viuãt albastre,
Dont la rare blancheur étalle tant d'apas,
Et brille d'vn éclat dont l'esprit idolatre
Se perd en des transports qui ne s'expriment pas.

Attraits qui l'ẽportez sur ces beautez de plâtre,
Et pouuez sans secours tout charmer ici bas,
Objet de mon amour, d'où Cupidon folâtre
Par cent traits amoureux donne autãt de trespas.

Veritable miroir, qui m'exprimés sans feinte
Tous les sujets que i'ay d'esperance & de crainte,
Et me fais voir Philis iusques dedans le cœur.

Pour te faire estimer par d'autres auantages,
Tu ne devrois iamais te couurir de nuages,
Ny charger tes beautez des traits de sa rigueur.

LES YEVX DE PHILIS.

SONNET.

BEau ſejour de l'Amour, d'où ce Demõ de flame
Par cēt charmes diuers enchãte tous les cœurs,
Aſtres, de qui l'éclat ne ſouffre point le blâme
De treuuer des objets qui s'en facent vainqueurs.

Inſtrumēs de mes maux, miroirs par qui ma Dame
En d'eloquens diſcours m'exprime ſes rigueurs,
Et dont les mouuemens font partager mon ame
En des rares plaiſirs & d'extrémes langueurs.

Beaux yeux, diuins Soleils, dont les clartez bril-[lantes
Estallent ici bas cent beautez éclatantes,
Que n'a pas le Soleil qu'on admire ſi fort.

Ces charmantes beautez luy peuuent faire enuie,
Il ſe fait adorer en diſpenſant la vie:
Mais, beaux yeux, vous donnez vne plus douce mort.

LA BOVCHE DE PHILIS.

SONNET.

VIf & charmant coral, qui sur sa belle bouche
Releues ton éclat de mille raretez,
Et jaloux du bonheur de celuy qui te touche,
Fais égarer ses sens parmy tant de beautez.

Perles, dont la blãcheur si tost que l'on l'abouche
Faict vn puissant effort dessus nos libertez,
Attraits, par qui Philis cõtraint le plus farouche
A prendre aueuglement loy de ses volontez.

Temple majestueux, beau recueil de miracles,
D'où Cupidon nous rend de Celestes Oracles,
Qui n'ont rien de cõfus, & qui n'õt rien de faux.

Et qui deuroiẽt aussi n'auoir rien de tragique:
Car cõment croira-on que cette bouche explique
Les rigoureux discours qui no⁹ font tãt de maux.

LE

LE DEPART D'ALCIDOR.

SONNET.

QVe le sort est divers & qu'il a de rudesse,
Philis n'est pas plutost de retour en ces lieux
Qu'vn rigoureux destin me cõtraint & me presse
De quitter le païs où brillent ses beaux yeux.

A peine ay-je banny ma profonde tristesse
Et gousté les douceurs d'vn retour gracieux,
Lors que me promettant des momens d'allegresse
Ie les treuue changez en momens odieux.

Inflexible destin, ton rigoureux caprice
Afflige mon amour auec trop d'injustice,
Et me fait endurer vn trop rude tourment.

Verray-je point cesser ces funestes allarmes,
Le retour de Philis vient de finir mes larmes,
Qu'il faut renouueller pour mon éloignement.

LE MESPRIS IMPVNY.

SONNET.

Soleil, depuis le temps que parcourant le monde
Tes feux donnent la forme aux generations,
Et payant le tribut d'vne clarté feconde
Tu te fais adorer par mille nations.

Voys-tu quelque beauté sur la terre ou sur l'onde
Etaller à tes yeux plus de perfections,
Et de qui la rigueur plus vainement se fonde
Pour rebuter mes soins & mes affections.

Tu diras que Daphné te fut plus inhumaine,
Et que dans vn mespris comparable à ta peine
Elle eut moins de pitié pour vn plus grand
[tourment.

Mais tu t'en vis vangé, car sa cruelle enuie
D'vn iuste châtiment fut aussi tost suiuie.
Mais l'ingrate Philis m'outrage impunément.

LA VIE LANGVISSANTE.

SONNET.

PHilis, ie ne vis plus; ou ſi ie vis encore,
La vie que ie meine eſt vne longue mort,
Ie ſouffre, & dãs mõ mal les ſecours que i'implore.
Eſt de te voir bien-toſt, ou de finir mon ſort.

Tout me nuit, tout me fâche, & ſoit lors que l'Aurore
Du lict de ſon Vieillard ſe leve auec effort,
Ou ſoit quand le Soleil d'autres Climats redore,
On me voit en tout tẽps dans vn méme tranſport.

Le vent de mes ſoûpirs eſt l'air que ie reſpire,
Et ne rencontrant rien qui ne ſemble me nuire,
Ie penſe auoir trouué l'enfer dans ce ſejour.

Dans ce pâle manoir on ne voit que des ombres.
Que des ſujets de pleurs, que des lumieres ſõbres,
Et les meſmes horreurs trauerſent mon amour.

LA COMPARAISON avantageuse.

SONNET.

IE disois l'autre iour parlant à ma cruelle,
Comme on voit le soucy se tourner au Soleil,
Que mes yeux languissãs d'vn mouuemẽt pareil,
Et par vn mesme instinct se tournoiẽt deuers elle.

Cette comparaison flattoit trop la rebelle,
Elle ne marquoit pas assez bien son orgueil,
Et ie treuue moins d'heur à seruir cette belle
Encor que ie la serue auec tant d'apareil.

Car au moins cette Amante au sentiment malade,
Se voit par son Amant flatter de quelque œillade,
Et reçoit quelque fruit de sa ferme amitié.

Mais moy, de qui l'amour a plus d'excez encore,
Les yeux tousiours tournez vers celle que i'adore,
Ie ne luy sçaurois pas donner de la pitié.

LA IALOVSIE MAL-FONDEE.

SONNET.

TV te trompes, jaloux, elle n'eſt pas ſi belle
Que tes ſoubçons legers me l'auoient fait iuger.
Elle eſt de ces objets brillans à la chandelle,
De qui l'on voit au iour le luſtre ſe changer.

Ie penſois, te voyant inceſſamment prés d'elle,
Que ce fuſt vn objet qui peuſt tout engager,
Et ce faux ſentiment me faiſant infidele,
Deſia ie me plaiſois au ſoin de l'obliger.

Voyla l'indigne fruit de tes fâcheux ombrages,
Tes injuſtes ſoubçons embraſens nos courages,
Et nous font eſtimer d'inuiſibles appas.

Veux-tu qu'on ſoit pour eux, ou de glace, ou de flame,
On les adorera ſi tu caches ta femme:
Mais ſi tu la fais voir on n'y penſera pas.

L'INCOMPARABLE BEAVTÉ.

SONNET.

Pour mettre autāt d'attraits en vne creature,
Qu'on en voit éclatter ſur le teint de Philis,
Il faudroit que le ſoin puiſſant de la Nature,
R'aſſemblaſt tous les traits des objets abolis.

Il faudroit qu'elle fiſt quitter la ſepulture
Aux ſubiets les plus beaux qui ſoient enſeuelis,
Et qu'à tous leurs attraits l'effort de la peinture,
Vint adjouſter encor ſes traits les plus polis.

Mais ce ſeroit trop peu de ce recueil eſtrange,
Il faudroit que le Ciel laiſſaſt venir quelque Ange,
Eſtaller à nos yeux de plus rares appas.

Que ſon teint fut de lys meſlez auec des roſes,
Qu'on y vit mille attraits, & mille aimables cho-
Encor n'auroit-il riē que la belle n'ait pas. [ſes,

LA RECOGNOISSANCE inutile.

SONNET.

IE l'auois bien preueu que i'en aurois raison,
Et que ce nouueau feu qui surprenoit vostre
Come il ne procedoit que d'vne trahison, [ame,
Deuant qu'il fut long-temps s'alentiroit sa flame.

Vous auez découuert le specieux poison,
Qui sous le nom d'Amour machinoit cette trame,
Et vous auez cogneu dedans cette prison
Que l'infidelité noircit trop vne Dame.

Mais helas! que me sert que vous l'ayez cognu?
Que me sert à la fin qu'vn penser ingenu
Vous ait fait auoüer que cette erreur est grande?
[vœux,
Si dans la mesme humeur dont vous brauiez mes
Vous ne sçauriez encor souffrir que ie pretende
Au bonheur de vous voir plus sensible à mes feux.

L'ORGVEILLEVSE CONfonduë.

SONNET.

ENfin vous reuenez, & la simple apparence
Que ie pourois auoir quelque mépris pour vo⁹,
Et que i'y pourrois viure auec indifference,
Fait que vous me montrez vn visage plus doux.

Ie ne me vante point d'vne rare constance,
Ny de vaincre les traits d'vn iniuste courroux,
Ou d'aymer en des lieux où ie voy l'insolence,
L'orgueil & le mépris gauchir à tous mes coups.

Encor que cette humeur me tire de la peine
Qui sert à mille Amans d'vne seuere géne,
I'ay pourtant à souffrir en aimant vos beautez.

S'il faut vous témoigner, pour vous rẽdre sensible,
Que ie suis sans ardeur pour vn cœur inflexible,
Ou souffrir autrement tout de vos cruautez.

L'AMOVR RECIPROQVE.

SONNET.

I'Ai veu dedãs tes yeux de certains traits de flame
Par qui i'ay reconnu que tu brûlois pour moy,
Que les appas des miens auoiẽt charmé ton ame,
Et m'auoient engagé ton esprit & ta foy.

A ces traits assez beaux pour toucher vne Dame,
I'ay pris des sentimens avantageux pour toy,
Et treuuãt dans tes yeux vn éclat qui m'enflame,
I'ay suiuy sans contrainte vne si douce loy.

Si ie t'ouvre mon cœur par ce confus langage,
Ie croy que tu n'es pas pour en prendre auantage,
Ny te vanter par tout du nom de mõ vainqueur.

Mais que dans ce discours que ie fais à ma honte,
Lisant les sentimens d'vne amour vn peu prõpte,
Tu la recognoistras en me donnant ton cœur.

L'AVARICE PVNIE.

SONNET.

IE l'auouë, Philis, vous eſtes malheureuſe
D'auoir pris vn mary qui vous traitte ſi mal,
Mais quãd on voꝰ parloit de sõ humeur fâcheuſe,
Vous en blâmiez l'auis donné par vn riual.

Reconnoiſſez vous bien que cette ame ombrageuſe
Des amours irritez eſt vn preſent fatal,
Qui picquez de ce que l'on vous fit amoureuſe,
Ont enfin confondu voſtre eſprit inégal.

Ie vous plains neantmoins en l'eſtat où vous range
L'ombrage injurieux de cette ame de fange,
Qui fait de ſes teſtons ſes plaiſirs & ſes Dieux.

Mais quoy! les raretez ſont toûjours éclairées?
Vn dragon veilloit bien ſur les pommes dorées
Qui n'auoiẽt point d'éclat ſi puiſſãt que vos yeux.

INQVIETVDES.

STANCES.

I'Ay des maux la nuict & le iour,
Et les feux cuisans de l'Amour
Me tiennent toûjours à la géne,
Ie ne reclame que la mort :
Mais la cruauté de mon sort
La refuse mesme à ma peine.

Plus ie réue pour me guerir,
Plus ie cherche à me secourir
Et moins ie treuue de remede :
Et lors que tout moite de pleurs
Ie veux parler de mes malheurs,
C'est lors que personne ne m'ayde.

Mes vœux s'opposent à mes vœux,
Ie fay des desseins pour mes feux,
Et pour ma liberté premiere
Ie blâme en secret ma raison
De ne pas rompre ma prison,
Et i'en adore la Geolliere.

Ie voudrois la pouuoir quitter,
I'enrage de le souhaitter,
Et si ces cruautez me nuisent,
Quand ie repense à ses attraits
En mesme temps tous les souhaits
Que i'auois formé se détruisent.

Le moyen d'auoir du repos
Parmy tant de confus propos
De vœux & de pensers contraires,
Ie m'en plains auec vn amy
Qui dit qu'entre mes aduersaires
Ie suis mon plus grand ennemy.

LES TOVRMENS RIGOVREVX.

STANCES.

IE vay dedans les déplaisirs,
Ie ne pousse que des soûpirs,
De mes yeux i'ay fait deux fontaines
D'où coulent des ruisseaux de pleurs,
Qui soulageront mes malheurs
Ou finiront bien-tost mes peines.

Tous mes sens sont si fort troublez,
Tant d'affreux pensers assemblez,
Leur font vne mortelle guerre,
Que ie croy que dans ses trauaux
Sisyphe souffre moins de maux
Que ie n'en souffre sur la terre.

Le Soleil ne fait point le iour
Qu'il ne réueille mon amour,
Et auec luy toutes mes craintes,
Ie reclame souuent la mort,
Et dedans vn si triste sort
Ie n'ouure la bouche qu'aux plaintes.

Et la nuict, quand les animaux
Se delassent de leurs trauaux,
Quand le sõmeil charme leur peine
De iustes apprehensions,
Sur de cruelles visions
Tiennent mon esprit à la géne.

Ainsi i'ay des maux iour & nuict,
Et le silence ny le bruit
N'en peuuent moderer la rage,
I'adore vn superbe vainqueur
Qui des roses de son visage
Me met les épines au cœur.

PHILIS DESABVSEE.

STANCES.

TV te trompes Philis, iamais vne autre flame
N'échauffa mes esprits;
Et mon discours t'apprend, que pour toute autre
Ie n'ay que des mépris. [Dame

Ta celeste beauté, qui n'a rien que de rare,
A pour moy trop d'appas,
Pour croire que mon cœur quelque iour s'en se-
Et qu'il ne t'ayme pas. (pare

Aussi ie t'ay iuré qu'vn trait de médisance
En cette occasion,
Pour cognoistre en effet si i'ay de la constance,
Choquoit ma passion.

Et tu pourras sçauoir des amours tes complices
Si iamais ma raison,
Quoy que ta cruauté rebutast mes seruices,
A blâmé sa prison.

Ils diront que tes yeux ont de trop viues flames,
Et des feux trop charmans,
Pourcraindre que iamais de plus aimables Dames
Leur ostent des Amans.

Ils diront que mon cœur auecque tant de gloire
T'adresse tous ses vœux,
Que sans impieté tu ne sçaurois pas croire
Qu'il partage ses feux..

C'est ainsi qu'Alidor déchargeoit sa constance
D'vn crime supposé,
Et la belle eut regret apres cette defence
De l'auoir accusé.

LA CRVELLE.

STANCES.

TOûjours craindre, toûjours prier,
Toûjours pleurer, toûjours crier,
Estre toûjours dans les supplices,
Blâmer tous les Dieux à la fois,
Ce sont mes charmans exercices
Depuis que ie vy sous tes loix.

Ie suis toûjours dans la douleur,
Ie croy mesme que le malheur
N'a plus de traits que pour me nuire;
Ie ne m'en prens qu'à ta beauté,
Qui prend plaisir à me destruire
Par vne injuste cruauté.

Tu peux me mettre en vn estat
Que le plus puissant Potentat
Devroit bien me porter enuie,
Et du moindre trait de tes yeux
Donner plus d'éclat à ma vie
Qu'elle n'en a receu des Dieux.

Cet honneur ne t'a point tenté,
Mais pour plaire à ta vanité
Tu braues les loix qu'on reuere,
Et parce que l'on nous defend
Les cruautez & la colere,
C'est où ton courage pretend.

Si i'estois tout prest à mourir,
Qu'il falut pour me secourir
Vn seul trait de ta complaisance,
Tu ne me l'accorderois pas,
Et refuserois ta presence
A me garantir du trespas.

Ie consulte mon souuenir
Pour sçauoir d'où te peut venir
Vne humeur si sombre & si noire,
Ie n'y voy que de la candeur,
Et ie reproche à ma memoire
Qu'elle m'en farde la laideur.

Plus i'épluche mes actions,
Mes pensers, mes intentions,
Et plus i'y treuue d'innocence,
Et l'on ne me peut imputer
Que d'auoir eu trop de constance
Pour ce que ie deuois quitter.

Ie voudrois treuuer vn moyen,
Quelque deuoir, quelque entretien
Qui peust adoucir ton courage:
Mais quand ie pense te gagner
C'est quand tu te mets dauantage
En humeur de me dédaigner.

Comment donc te faire changer?
Si quand on pense t'obliger
On irrite ton insolence;
Faut-il, pour m'acquerir ton cœur,
Tesmoigner de l'indifference
Pour vn si superbe vainqueur?

Apres m'auoir tant fait mourir,
Apres m'auoir tant fait souffrir
D'vne humeur si rude & si sombre,
Si ton courroux n'est point lassé
Ie ne suis desia plus qu'vne ombre,
Ie seray bien-tost trespassé.

LES VERITEZ.

A MADEMOISELLE M. D.

STANCES.

IE meure, si sous les Cieux
Le Pere de la Lumiere
En parcourant sa carriere
Peut rien voir si charmãt que l'éclat de vos yeux.

Rien si beau que vostre teint
Semé de lys & de roses,
Sur qui des plus belles choses
L'œil void auec plaisir l'éclat si bien dépeint.

Rien si vif que la blancheur
De ces petits monts de neige,
Qui par vn beau priuilege
Contre mes plus grands feux conseruent leur fraischeur.

L'idolatre Antitiquité
Surprise d'vn moindre lustre
D'vne Beauté moins illustre,
Iadis auec orgueil fit vne Deïté.

Les Dieux se sont transformez
Pour plaire à leur fantaisie,
Mais dedans leur frenesie
Ils aimoient des objets moins dignes d'estre aimez.

Europe, auec moins d'appas
D'vn Dieu faisant vne beste,
Mit les cornes à la teste
De celuy dont l'esprit guide tout ici bas.

La Grecque dont la beauté
Fut cause de tant de larmes,
Auec beaucoup moins de charmes
Fit vn affreux desert d'vne grande Cité.

Que mon bon-heur eſt parfait
D'adorer vos avantages!
Chacun vous doit des hommages
En imitant le Ciel dans les dons qu'il vous fait.

Mais, ma belle, mes reſpects
Ne ſeroient-ils point des crimes:
Car quoy qu'ils ſoient legitimes,
Vos rares qualitez me les rendent ſuſpects.

Mais on ne peche iamais
En honorant des ouurages
Dont les rares avantages
Teſmoignent le pouuoir du Dieu qui les a faits.

Ie rends un pieux devoir
A ſa Diuine puiſſance,
Lors qu'auecque reuerence
Dans ſon plus rare effet i'admire ſon pouuoir.

Ainsi dont, diuin portrait
D'vn plus celeste modele,
I'adoreray plein de zele
En vos beautez celuy dont elles sont l'extrait.

POVR LES YEVX DE Mademoiſelle M. D.

STANCES.

QVãd ie voy vos beaux yeux dõt la chaſte fierté
Auec vn doux effort contraint ma liberté
D'idolatrer leurs charmes,
Ie m'écrie auſſi-toſt; Philis, arreſtez-vous,
Ie cede à ces beaux coups,
Et ne reſiſte point à de ſi douces armes.

D'vn ſi puiſſant éclat ie me ſens éblouïr,
Que meſme ma raiſon ſemble s'évanouir
De peur d'eſtre rebelle.
Mais ces ieunes Soleils dont les viues clartez
N'ont point d'obſcuritez,
Dans cette pâmoiſon me gouuernẽt mieux qu'elle.

Vos yeux ſont ſi brillans, que meſme le Soleil
Fâché de voir leur luſtre à ſes rayons pareil
Abrege ſa carriere,
Et jaloux d'éclairer des Aſtres auſſi beaux,
A des Peuples nouueaux
Voudroit pouuoir porter les biens de ſa lumiere.

Si les loix du Deſtin n'empéchoient ſes projets,
Il vous lairroit le ſoin d'éclairer les objets
De tout cet Hemiſphere,
Nos iours ſeroient ainſi par vn nouueau deſtin
Sans ſoir & ſans matin,
Et nous profiterions de ſa vaine colere.

Les Peuples qui verroient de plus douces ſaiſons
Renfermer les Hyuers dans leurs froides priſons
Sous d'autres influences,
Douteroient ſi les Cieux ſeroient en leur eſtat,
Ou ſi quelque attentat
Auroit borné leur cours, ou détruit leurs puiſſances.

Dans ce doute chacun vous offriroit ses vœux ;
Chacun adoreroit vos clartez & vos feux,
Et ces iustes hommages
Tesmoigneroient par tout que si de si beaux yeux
Furent faits par les Dieux,
Les Dieux seroient heureux d'adorer leurs ouurages.

ADVIS D'AMOVR.

STANCES.

Pour abbaisser vn peu l'orgueil
De Philis cet aimable écueil,
Où ta liberté fit naufrage,
Pour charmer vn peu tes douleurs,
Et tarir les torrens de pleurs
Que tu verses sur son image.

Croy moy, relasche de tes soins,
Fay que ses beaux yeux soient tesmoins
De quelque froideur en ton ame,
Et que t'ayant si mal-traitté
Son inflexible cruauté
A reglé l'excez de ta flame.

Ceux qui ſçauent que c'eſt d'aymer
S'efforcent de bien exprimer
Que le mépris les intereſſe,
Et qu'ils ſe trouuent ſans ardeur
Pour vne inuincible froideur,
Et pour vne ingrate Maiſtreſſe.

La femme eſt d'vn eſprit hautain,
Inconſtant, dédaigneux, mutin,
Qui ne fait rien que par caprices,
Et qui faict auecque fierté
Sacrifice à ſa vanité
De nos ſoins & de nos ſeruices.

Dont à ces eſprits orgueilleux
Ie croy qu'il eſt fort perilleux
De donner beaucoup de puiſſance
Et que les iniuſtes rigueurs
De ces inflexibles vainqueurs
Naiſſent de noſtre obeiſſance.

Quitte ces devoirs rebutez,
Fay-luy voir que ſes cruautez
Te dégoutent de tes pourſuittes,
Tu verras ſon cœur & ſes yeux
N'auoir que des traits gracieux
Si tu luy rends moins de viſites.

Croy moy donc, quitte cet objet,
Feins de n'eſtre plus ſon ſubjet,
Et de ſuiure d'autres fortunes,
Elle te mal-traittera moins,
Et n'oſera plus à tes ſoins
Rendre des rigueurs importunes.

L'AMANT SATISFAIT.

STANCES.

VN chacun tire vanité
D'estre dans quelque dignité
Qui le mette auant dans l'estime,
Et les grands Dieux n'ont plus d'encens,
Plus d'Autel, ny plus de Victime,
Que pour nous rendre plus puissans.

Les Souuerains donnent les Loix,
Leur ambition fait leurs droits:
Cesar voit Rome sa sujette,
Alexandre a des soins diuers,
Et la conqueste qu'il projette
S'estend plus loin que l'Vniuers.

Pour moy ie n'ay point tant d'honneur,
Ie ne ſuis ny Roy ny Seigneur,
Perſonne ne me rend d'hommage,
Ie ne ſuis que ſerf d'vn bel œil,
Mais i'eſtime plus mon ſeruage
Que tout leur ſuperbe appareil.

LES

LES TOVRMENS NEGLIGEZ.

STANCES.

AMour, tes cruautez ſont vrayment ſans exemples,
Tu te rends indigne des Temples
Qu'on baſtit à ta gloire en mille lieux diuers,
Tu me fais endurer des peines ſans meſure,
Et la belle pour qui i'endure
Ne croit rien des tourmẽs exprimez en mes vers.

Faut-il que ie ſubiſſe auec tant de conſtance
Vne ſi penible ſouffrance,
Et qu'on n'en croye rien quand i'en côte l'excez?
Ah! ſi vous conſultiez vos rigueurs & vos charmes,
Vous iugeriez bien que mes larmes
Ont ſubjet de couler pour ce triſte ſuccez.

Donc au fatal objet d'vne rigueur si grande,
Quel bonheur faut-il que i'attende?
Son incredulité toûjours m'affligera.
Amour, pour m'arrester long-tẽps sous tõ empire,
Fay luy croire tout mon martire,
Ou ne me faits souffrir que ce qu'elle croira.

LETTRE A MADEMOISELLE D. P.

ELEGIE.

DEpuis le triste iour qu'vn papier rigoureux
M'obligea de te dire vn adieu malheureux,
Et que pour contenter de trop rudes caprices
Il me falut quitter mes plus cheres delices :
Rien ne plaist à mes yeux, & les plus beaux objets
Ne sont pour mes ennuys que des tristes subjets.
Dans ce climat barbare où ie fay ma demeure
Rien que ton souuenir n'empéche que ie meure :
Car si tes yeux n'auoient reserué pour leurs feux
De me faire mourir par des traits amoureux ;
Desia la mort qui craint ta colere, & la foudre
Que dardent tes vainqueurs, m'auroit reduit en pondre ;

Croy-tu, chere Philis, comme ie vis icy
Où ie n'ay rien qui puisse appaiser mon soucy,
Où mon esprit troublé n'a point d'autre exercice
Que pleurer ton absence & plaindre son suplice,
Où les plus doux plaisirs pour moy n'ont point d'appas,
Où ie ne voy qu'horreur en ne te voyant pas,
Où le iour ne me luit qu'affin de me déplaire,
Où ie maudis cent fois le Soleil qui m'éclaire.
Encore dans ces lieux si ie treuuois des traits
Pour me representer quelqu'vn de tes attraits,
Ie me consolerois en mon humeur plus sombre
De rendre des respects à l'ombre de ton ombre,
Cet heur adonciroit les maux que ie ressens,
Et de quelque plaisir consoleroit mes sens.
Mais pardonne, Philis, au mal qui me transporte,
Tu vois dans ce discours vne passion forte,
Le subjet en est beau, mais il est mal suiuy,
Tesmoignage certain du desordre où ie vy:
Car où puis-je plutost rechercher ton image
Ou quelque trait de toy qu'en mon triste courage?

C'est où l'Amour l'a peint, & son diuin pinceau
S'employa dignement à faire ton tableau;
I'y verray sur ton sein le vermillon des roses,
I'y verray tous les traits des plus aymables choses,
I'y verray tes cheueux frisez en cent façons
Dont le Dieu de l'Amour se sert pour ses prisons.
Que de plaisir d'auoir de si charmantes chaisnes,
Et que i'estime l'heur de languir dãs leurs génes,
I'y verray ce beau front, de qui la maiesté
Fait changer en respect l'orgueil & la fierté,
Tes yeux y ietteront des clartez si brillantes
Que leur beauté rendra mes flammes éuidentes,
Et le Soleil jaloux d'vn si puissant éclat
Ira porter son iour en quelqu'autre climat,
Et laissera douter aux peuples qu'il éclaire
S'il est rouge de flamme ou s'il l'est de colere:
Mais qu'il fuie, de peur de quelque triste bruit,
Et qu'il couure ces lieux d'vne eternelle nuit,
Que iamais sa clarté ce climat ne redore,
Et me laisse iouïr de celle que i'adore,
Son œil ne me plaist pas, & la clarté du tien
M'est aymable cent fois plus que celle du sien;

Tes lévres de coral, les roses de ta ioüe,
Sujet delicieux où Cupidon se ioüe,
La blancheur de tes mains ces yvoires polis,
Dont le brillant éclat l'emporte sur les lys.
Ton teint frais delicat, plus vermeil que l'Aurore,
Lors qu'elle se fait voir au riuage du More,
Et tes autres beautez sans les specifier,
Paroistront dans ces lieux pour me desennuyer.
Ainsi pour mon bonheur ie te verray presente,
Ainsi ie charmeray le mal qui me tourmente,
Et puisque mon esprit me faitte voir icy,
I'y vivray desormais auec moins de soucy.

LES LIBRES.

STANCES.

Par ma foy tu fais bien la beste,
Et par des branlemens de teste
Et par mille signes des yeux
Tu montres bien ton insolence,
Et fais voir de quelle arrogance
Tu veux commander en ces lieux.

Tu fais la farouche & l'ingrate
Dans la vanité qui te flatte
De nous auoir bien arresté,
Mais relâche de ton audace,
Et t'imagine que ta glace
Nous rendra nostre liberté.

Mais parlons dedans la franchise.
Si tu desires qu'on te prise
Tu dois aussi nous estimer :
Car tu te trompes si tu penses
Que sur de simples apparences
Nous nous resoudions à t'aymer.

Nous voulons voir dedans ton ame
A tout le moins autant de flame
Que tes yeux recellent de feux,
Et voir tes roses sans épines
Auant qu'à tes beautez diuines
Nos esprits addressent des vœux.

Nous auons assez de courage
Pour negliger vn beau visage
S'il n'est animé de douceur,
Et nous ne sçaurions long-temps feindre
Que nous pouuions bien nous contraindre
Pour vne inuincible rigueur.

Tu pourrois ſur vn teint de roſes
Faire montre de mille choſes
Qui charmeroient tout ici bas,
Si ta rigueur leur faiſoit ombre,
Ce grand éclat deuiendroit ſombre
Et ne nous éblouïroit pas.

LA VIE AGREABLE.

ODE.

HEureux qui peut paſſer ſa vie
Franc des morſures de l'enuie
Et qui n'a point la vanité
D'auoir tiltre ny dignité.
Qui voit dedans l'indifference
La Cour & ſa magnificence,
Et qui n'a point d'ambition
Que de regler ſa paſſion:
Qui vit ſelon les loix Diuines,
Et qui ne treuue point d'épines
A ranger ſon docile eſprit
A tout ce que Dieu nous preſcrit;
Qui braue les fers & la flame,
Et qui n'engage point ſon ame,

Sa raison ny sa liberté
Sous le pouuoir d'vne beauté;
Qui ne regrette point d'absence,
De froideur ou d'indifference,
Mais qui vit tout a fait à soy,
Franc d'amour, de soins & d'effroy.

A VNE BELLE ORGVEILleuse.

STANCES.

SI ton visage a des appas
Qui te font passer ici bas
Pour tres-parfaite creature,
N'en tire point de vanité,
Puis qu'vne froide sepulture
Doit triompher de ta beauté.

Toutes les belles ont passé,
Ce rare éclat est effacé
Qui les faisoit croire admirables,
Et malgré l'orgueil de leurs fronts
De ces merueilles adorables
Il ne reste plus que les noms.

Tu passeras de la façon,
Leur destin te sert de leçon,
Qu'un tombeau finira ta gloire,
Et qu'à quinze ans de ton trépas
On consultera la Memoire
Si ton visage eut tant d'appas.

LE CRVEL.

STANCES.

Pourquoy me lances tu ces œillades badines?
Tes yeux ſont pour moy ſans appas,
Et tes beautez que ie nommois diuines
Sont choſes qu'à preſent ie ne regarde pas.

I'ay long-temps ſoûpiré ſous ton cruel empire,
Et ton cœur qu'on ne peut percer,
Lors que mes pleurs t'exprimoient mon martire
Treuuoit quelque douceur à m'en faire verſer.

Ie me ſuis recognu, i'ay trauaillé de ſorte
Que i'ay treuué ma gueriſon,
Et ma raiſon n'eſtant pas aſſez forte,
Vn iuſte deſeſpoir a rompu ma priſon.

Tu m'as assez long-temps tenu dans la souffrance,
Tu m'as assez fait soûpirer,
Et ta rigueur rebutant ma constance
Par mille traits cruels m'a fait assez pleurer.

Laisse-moy respirer apres tant de misere
Le doux air de la liberté,
Mais ton humeur orgueilleuse & seuere,
Ne me sçauroit souffrir hors de captiuité.

A peine ay-je guery mes sentimens malades,
Et dißipé ce doux poison,
Que la feintise adoucit tes œillades,
Afin de m'obliger à r'entrer en prison.

Ne sçaurois-tu souffrir la perte d'vn esclaue?
N'as-tu pas assez tesmoigné
Qu'à ton humeur qui tout le monde braue,
Il est indifferent de me voir esloigné?

Ie me ſouuiens encor de mes cruelles gênes,
De mes maux & de mes tourmens,
Et d'auoir fait de mes yeux deux fontaines,
Sans auoir iamais peû fléchir tes ſentimens:

Ainſi ne penſe pas que ſauué de l'orage
Où i'ay failly de faire bris,
Ie me remette au hazard du naufrage
Que ie voy tout certain dans tes ſanglans mépris.

Ie me garderay bien de r'entrer dans la barque
Fatale à mon contentement,
Si ie ne voy quelque infaillible marque
Dans tes yeux adoucis d'vn meilleur traitement.

I'ay trop d'horreur encor des rigoureux caprices
Auſquels tes dédains ſe ſont pleus,
Pour m'engager dans les meſmes ſupplices,
Et reprendre ſi toſt les fers que i'ay rompus.

Tu feins d'eſtre à preſent ſenſible à mon martire
Et de bien écouter mes vœux,
Mais quand i'eſtois ſous ton cruel empire
Tu blâmois mes ſoûpirs & mal-traitois mes feux.

C'eſt attendre trop tard à feindre ton viſage
Pour me retenir ſous tes loix,
Quand tes rigueurs ſont changer mon courage,
Et mépriſer tes yeux dont ie faiſois mes Rois.

Tu deuois cy-deuant pratiquer cette ruſe,
Elle euſt beaucoup mieux reüſſi :
Mais à preſent ie braue ton excuſe,
Et me ris hautement d'vn ſi plaiſant ſouci.

Ne preſume donc pas, quoy que tu puiſſes faire,
De m'engager encor vn coup,
Ma deliurance eſtoit trop neceſſaire,
Et me tire d'vn joug où ie ſouffrois beaucoup.

Quitte le vain ſoucy d'adoucir tes œillades,
Et les charger des traits d'Amour,
Aſſez long-temps i'ay ſouffert tes brauades,
Ie te veux deſormais mépriſer à mon tour.

CHANSON.

Douce saison, nourriciere des fleurs,
Vous semblez condamner les pleurs
Dont ie trauerse vos delices,
Mais depuisque ma belle a paßé chez les morts,
Mes plus aymables exercices
Sont de couler les iours dans ces tristes transports.

Vous m'étallez de celestes beautez,
Que redoutent les cruautez
De ma rigoureuse fortune.
Helas! quand vous pourriez auecque tant d'appas
Bannir ma tristesse importune,
Agreable Printemps, ne l'entreprenez pas.

I'ayme à pleurer les rigueurs de mon ſort
Depuis que les traits de la mort
Ont rendu mon humeur ſi ſombre,
Ne vous oppoſez point à mes ſoucis flottans,
Si mon Soleil n'eſt plus qu'vne ombre,
Pourray-je plus iamais eſperer de beau temps?

ADVIS NEGLIGEZ.

STANCES.

QVoy donc, ma Philis, partez-vous?
Et sans témoigner de tristesse
Pour le déplaisir qui me presse,
Quitez-vous vn Amãt pour chercher vn Ialoux?

Que faites-vous, chere Philis?
Icy vous estes adorée:
Là, vous serez moins honorée
Que ces restes affreux des Temples démolis.

Vn esprit rude & ombrageux
Veillera sur vostre conduite,
Et n'aura pour vostre merite
Que de sanglans mépris & des traits outrageux.

Vos discours luy seront suspects,
Et la moindre de vos œillades
Rendra ses sentimens malades, [respects.
Luy, qui devroit pour vous n'auoir que des

Ainsi, ma Philis, croyez nous,
Vous manquez en cette entreprise,
Icy vous viuez en franchise,
Là vous aurez cent yeux qui veilleront sur vous.

Au lieu qu'icy vostre beauté
Reçoit mille iustes hommages;
Là vous recevrez mille outrages
D'vn esprit orgueilleux de se voir trop flatté.

Mais mes aduis sont superflus,
Cette belle est trop absoluë,
Et pour s'y montrer resoluë
Elle part, la cruelle, & ne m'écoute plus.

Au moins, Philis, ie vous l'ay dit,
Et quand vous serez dans ces génes
Vous vous souuiendrez dans vos peines
Que le triste Alidor vous les aura predit.

LE DISCOVRS AMBIGV.

STANCES.

PVis-je bien accorder les discours de ma belle?
Elle est en méme tẽps trop douce & trop cruelle
Elle veut que ie viue, & me liure au trespas;
D'vn costé sa rigueur, de l'autre sa clemence
M'abãdonne aux tourmẽs & me rend l'esperãce,
L'vne veut que ie meure & l'autre ne veut pas.

Toute preste à quitter ce sejour agreable
Pour aller en vn autre encore plus aymable,
Elle m'a commandé d'entretenir mes feux:
Mais lors que i'ay voulu luy faire compagnie
Suiuant les mouuemens d'vne ardeur infinie,
Elle n'a pas voulu l'accorder à mes vœux.

Comment donc accorder des discours si contraires,
Ils sont en mesme temps funestes & prosperes,
L'vn fait tout mō bōheur, l'autre me fait mourir,
M'ordonner de l'aymer, c'est m'ordōner de viure:
Mais tout d'vn mesme temps m'empécher de la
suiure,
C'est vouloir que ie viue & me faire perir.

REGRETS D'ALIDOR SVR le depart de Philis.

STANCES.

VN iour Alidor en soucy
Pour le depart de sa Maistresse,
Racontoit ainsi sa tristesse
Au fleuue que ses pleurs auoient desia grossy.

Pourquoy faut-il, chere Philis,
Que nonobstant ta resistance,
Vne rude & seuere absence
Baigne mes yeux de pleurs & jaunisse tes lys.

Quels Dieux ont assez de pouuoir
Ou plutost assez d'injustice ?
Pour faire naistre ton supplice
De tes propres vertus & d'vn sacré deuoir.

Il faut bien que ce soient des Dieux
Que le soin du monde importune,
Et que dessus nostre fortune
Ils refusent d'ouurir & les mains & les yeux.

Souffrir, que d'injustes rigueurs
Facent noyer dedans les larmes,
Vne beauté de qui les charmes
Auec vn noble orgueil regnent sur tous les cœurs.

Souffrir, que ces aimables fleurs
Qu'on admire sur ton visage,
Auecque tout leur auantage
Seruent ainsi de lict à des ruisseaux de pleurs.

Est-ce vn effet de leur bonté,
Vne preuue de leur iustice?
Que le sort géne par caprice
Le plus rare portraict de leur Diuinité.

Non, leurs foudres sont abolis,
Car s'ils en conseruoient l'vsage,
On entendroit en ce voyage
Les tonnerres gronder en faueur de Philis.

Que le sort est rude & diuers!
Le plus gueux rit dedans la boüe,
Icy son caprice se joüe
Du plus rare ornement de tout cet Vniuers.

Mais iusques où vont mes transports?
Mais puis-je auoir plus de constance?
Lors que par vne rude absence?
Ie perds en mesme temps ma ioye & mes tresors?

Non, non, ne nous contraignons pas,
Que ma iuste douleur éclate,
Quelque heur apparent qui me flate,
Ton absence, Philis, va causer mon trépas.

Pourray-je, éloigné de tes yeux,
Conseruer vn reste de vie,
Et leur clarté m'estant rauie,
Ne treuueray-je pas le trépas en tous lieux.

Beaux yeux, beaux riuaux du Soleil,
De qui les clartez & la flame
Rendent la lumiere à mon ame,
Brillez toûjours sur moy d'vn éclat sanspareil.

Mais que mes vœux ont peu d'effet,
Las! ie voy partir cette belle
Et sans que ie parte auec elle
Mon ame faict aussi le chemin qu'elle fait.

Là le Berger outré d'ennuy
Ne pouuant acheuer sa plainte,
Dans le desespoir & la crainte,
Obligea ses soûpirs de l'acheuer pour luy.

SVR L'ABSENCE DE M. D. P.

ELEGIE.

ADorable beauté, dont ie pleure l'absence,
Puis-je de vous reuoir conseruer l'esperance,
Et sans me trop flater en mes viues douleurs
Puis-je de cet espoir consoler mes malheurs?
Las! depuis que le Ciel à vostre departie
Me fit voir en rigueur sa bonté conuertie,
Toûjours dedans les pleurs & parmy les trauaux:
Ie n'ay point respiré qu'en soûpirant mes maux.
Les lieux les plus plaisans sont témoins de mes génes,
Ils perdent leurs beautez à l'objet de mes peines,
Et par compassion se parans tous de deüil
Ils ne m'offrẽt plus rien que l'horreur du cercueil.

Souuẽt dans mes transports & dãs mes réueries
I'ay fait changer l'émail de nos belles prairies,
Où dans mille penſers mes eſprits ſe perdans
Etabliſſent l'horreur que ie porte au dedans.
Souuent parmy les champs errant à l'auanture,
I'admire les faueurs que nous fait la Nature:
Mais ſoudain vos beaux yeux ſe preſentãs à moy,
Où regnoient cent beautez ie ne voy plus qu'effroy.
Quelquefois pour charmer l'ẽnuy qui me deuore,
Ie promene mes yeux ſur les beautez de Flore,
Mais ſoudain voſtre teint ſemé de plus beaux lys
Me fait mépriſer Flore en faueur de Philis.
Quelquefois attiré par le frais d'vn ombrage
I'entens d'aucuns oyſeaux le plus triſte ramage:
Mais ie treuue, ſongeant que vous m'auez quité,
Que leurs accens encor ont trop de gayeté.
D'autrefois ſur le bord d'vne fontaine pure
Où l'œil de mille objets rencontre la peinture,
Et par vn bel abus croit voir dedans les eaux
L'air, les arbres, le Ciel, les poiſſons, les oyſeaux;
Admirant les beautez que ce criſtal exprime,
Ces charmes naturels qu'on adore ſans crime,

Et n'y rencontrant rien si beau que vos appas,
Ie querelle les eaux qui ne vous montrent pas:
Ces flottantes beautez qui nous marquent les vôtres,
Ces humides attraits que l'on voit peints en d'autres,
Ont biẽ dedãs leurs traits quelque éclat gracieux,
Mais ce n'est rien au prix de celuy de vos yeux.
Mais cet azur mouuant, cette glace liquide
A l'objet de vos yeux ne seroit plus humide:
Car ils lancent des feux si puissans & si beaux,
Qu'on en verroit changer la qualité des eaux.
Et quand ie trouuerois vos traits dans cette glace,
Ce ne seroit pour moy qu'vn surcroist de disgrace:
Car ie verrois soudain, voulant, vous approcher,
Sous mille petits flots vos beautez se cacher;
Et quand dãs cette peur rigoureux à moy-méme,
Ie voudrois moderer ma passion extréme,
Ie n'aurois pas plus d'heur, songeant que vos attraits
Ne seroient seulement que de frelles portraits.

Quelquefois dans vn bois comme dessus des marbres
Ie marque mes regrets sur l'écorce des arbres :
Mais grauant vostre nom ie me trouble si fort
Qu'on diroit à me voir que ie tire à la mort.
Mon esprit est si fort troublé de vostre absence,
Tant de tristes pensers brouillent sa connoissance
Que ie ne connoy plus ceux que i'aymois deuant,
Et ne me souuiens pas d'vn iour auparauant.
Vn plus beau souuenir occupe ma pensée,
L'image de Philis sans cesse retracée
Auec tant d'auantage entretient mes esprits
Que pour d'autres objets ie n'ay que des mépris.
Voyla comme sans vous ie passe la iournée,
De qui chaque moment m'est plus long qu'vne année,
Et comme loin de vous nos forests & nos eaux
Ont moins d'appas pour moy que n'en ont les tombeaux.
Mais apres les douleurs dont ie souffre la rage,
Tandis que le Soleil nous montre son visage,

La Nuict, qui sçait charmer les soins les plus pressans,
Ne sçauroit adoucir les maux que ie ressens:
Mon esprit langoureux est toûjours à la géne,
Ie souffre quand ie dors vne mortelle peine,
Et cent spectres affreux qui troublent mon repos
Me viennent affliger par d'insolens propos.
Vne image confuse où ie voy la peinture
De ce qui tout le iour me tient à la torture
Renouuelle mes soins sur mille visions,
Et réueille toûjours mes apprehensions.
Quelquefois ie croy voir l'émail de nos prairies
Au gré de mes transports & de mes réueries,
Sous mille traits charmans étaller à mes yeux
Ce qu'elles ont de rare & de plus precieux;
Et puis comme l'Amour accroist sa violence,
Ie voy soudain changer cette belle apparence,
Et regner mille horreurs & mille cruautez
Où mon esprit flatté logeoit tant de beautez.
Iugez par ce recit du repos de mes sommes,
Et si ie ne suis pas le plus gesné des hommes,

La nuict, comme le iour, i'ay l'esprit agité,
Et chaque objet fait ombre à ma felicité.
Si ie vay dans nos prez, c'est l'endroit où nos ames
Donnoient librement air à leurs brûlantes flames.
Si ie vay dans nos bois, i'y voy les doux témoins
Du bonheur de mes feux & de mes plus beaux soins.
Si i'aproche de l'eau, c'est la fidelle glace
Où vous vous conseilliez souuent de vostre grace:
Mais semblans tous parler de vostre éloignement
Ces souuenirs ne font qu'irriter mon tourment.
Ainsi ie ne voy rien qui n'augmente ma peine,
Le passé m'importune, & le present me géne,
Et les doux souuenirs d'vn feu bien écouté
Me font douter encor que vous m'ayez quitté.
Le trouble de mon ame éclatte en mon visage,
Ie suis pâle & deffait, ie deuiens tout sauuage,
Et ma plaisante humeur qui vous sçauoit charmer,

N'a plus la gayeté qui la faisoit aymer.
C'est l'effet rigoureux de vostre longue absence,
Que pourra dissiper vostre douce presence,
C'est à tous mes malheurs l'vnique allegement
Et l'espoir le plus doux qui flatte mon tourment.
Si vous auez encor interest à ma vie,
Si vous vous souuenez que ie vous ay seruie,
Et si vous écoutez les vœux d'vn amoureux,
Accordez-moy, Philis, ce retour bienheureux?
Accordez-le, ma belle, à ces torrens de larmes,
Faites finir par là mes funestes allarmes,
Reuenez animer mes desirs innocens,
Et laissez-vous toucher aux maux que ie ressens.
Oüy, vous exaucerez vn vœu si legitime,
Vous viẽdrez triõpher du malheur qui m'oprime
Et vos yeux s'accordans à vaincre mes ennuys
Dissiperont l'horreur de mes fâcheuses nuicts:
Ie ne réueray plus qu'à des objets aymables,
Le Iour n'aura pour moy que des traits agreables,
Et le Ciel s'accordant auecque mon desir
Ie ne pleureray plus si ce n'est de plaisir.

CHANSON.

Soleil, dont le cours ordinaire
S'allonge affin de me déplaire,
Ie ne te puis souffrir auec tant de clarté.
Cache l'or de ta blonde tresse,
Car l'absence de ma Maistresse
Me montre plus d'appas dedans l'obscurité.

Ie ne puis souffrir la lumiere
De ta superbe Auant-couriere,
Et le iour le plus beau m'oblige à des soûpirs:
Depuis qu'vn autre lieu se dore
Des lumiere de mon Aurore,
La tienne n'a plus rien qui flatte mes desirs.

Que cette abſence rigoureuſe
La rend ſuperbe & dédaigneuſe,
Et qu'on la voit depuis ſe parer richement;
Mais ce luſtre eſt fort peu de choſe,
Le retour que Philis propoſe
Confondra cet orgueil par vn iour plus charmant.

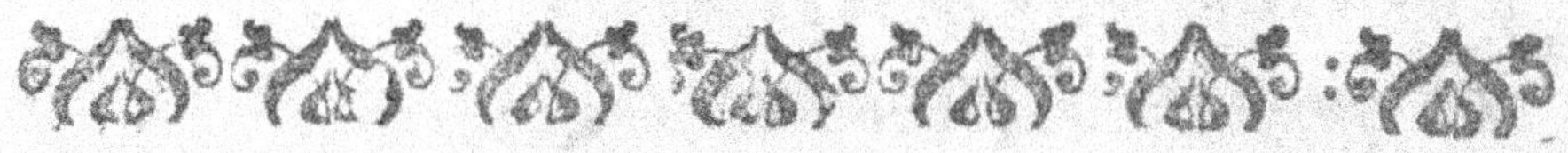

REPROCHES.

A. M. L. L.

STANCES.

INgrate Cloris, as-tu dit
Que ie n'aurois pas le credit
De me dégager de tes génes,
Et que nonobstant ta rigueur
Tu m'arrestois de trop de chaisnes
Pour te pouuoir oster mon cœur.

Mais ie te veux bien faire voir
Que iusqu'ici quelque deuoir
Que i'aye offert à ton merite,
Ces respects ne m'obligent pas
Alors que ton mépris m'irrite
A n'adorer que tes appas.

I'ay le cœur bien plus genereux
Et quoy que ie sois amoureux
Vn mépris fait naistre ma rage,
Son trait me fait changer le front,
Et quelque belle qui m'outrage
Ie n'en puis supporter l'affront.

Ne flatte point tant ta beauté,
Et sçache que ma volonté
Quoy qu'elle s'y soit asseruie
En peut mépriser les appas,
Si tost que i'auray quelque enuie
De te voir & ne t'aymer pas.

Tes yeux ne sont point si puissans,
Ny tes discours si rauissans
Qu'on n'en puisse éuiter les charmes:
I'ay voulu viure sous ta loy:
Mais c'estoient de trop foibles armes
Pour m'assujetir malgré moy.

Tu n'es point d'vn si rare prix,
Et encor que quelques esprits
Tâchent, ce semble, à te complaire,
Tu n'es point leur premier objet,
Et les vœux que tu leur vois faire
Naissent pour vn autre sujet.

Ton sein n'a point cette fraicheur,
Ta main n'a point cette blancheur
Qui sçait bannir l'indifference:
C'est toy-mesme trop t'honorer,
Ta bouche n'a point l'éloquence
Dont tu crois te faire admirer.

Ton teint n'est point si delicat,
Sa blancheur n'a point cet éclat
Que luy donne ta réuerie,
Ta beauté n'est que fiction,
Et sçache qu'hors la flatterie
Elle a peu de perfection.

Tu croiras m'avoir fait changer
Et que le ſoin de me vanger
M'aura peu porter dans ces rages
Que mon amour a dementi :
Mais ſçache que dans ſes outrages
Ce diſcours ne t'a point menti.

Si dans l'eſtime que tu fais
De ta grace & de tes attraits,
Tu viens à condamner ces rimes,
Penſe au moins que la verité,
Et non pas d'injuſtes maximes,
Authoriſe leur liberté.

LE MESPRIS.

STANCES.

Ne pren plus le ſoin de former
Vn ſou-ris qui puiſſe charmer,
De lancer de douces œillades
Ny d'adoucir vn peu ta voix.
Ce ſoucy fut bon autresfois
Quand mes eſprits eſtoient malades,
Auparauant que tes brauades
M'euſſent fait abhorrer tes loix.

I'ay ſouffert aſſez doucement
Le plus ſeuere traittement
Que l'on peuſt faire à ma conſtance,
I'ay veu mes debuoirs maltraitez
Et mes hommages rebutez
Auec beaucoup de patience,
Sans que cette perſeuerance
Ait deſarmé tes cruautez.

A la fin ie me suis lassé,
Ta froideur m'a rendu glacé
Pour vne si superbe Dame,
Ie n'adore plus tes attraits,
Et leurs plus aymables portraits
Ne retracent point dans mon ame
Auec vn pinceau tout de flame
L'amour que i'auois pour leurs traits.

Ne te ris plus de mes soûpirs,
Tu ne fais point mes déplaisirs,
Mon desespoir ny ma tristesse,
Tes cruautez ou ta douceur
Ne peuuent plus toucher mon cœur
Ny de douleur ny d'allegresse,
Et si quelque tourment me presse
Il ne vient point de ta rigueur.

Doux tirans de ma liberté,
Portraits d'vne rare beauté
Que i'aymois auec tant de zele,
Ne cherchez plus à m'engager
Ie veux desormais me vanger
Des rigueurs de cette cruelle,
Et ne me souuiendray plus d'elle
Si ce n'est pour la negliger.

L'AVANTVRE DE Narcisse.

Toy qui contemples la posture
De cet Amant paßionné,
Et qui le crois bien fortuné,
Ecoute vn peu son avanture.
Narcisse d'amour languissant
Perdit le iour en s'vnissant
A celle qu'il auoit seruie ;
Iuge du caprice du sort,
Cet Amant rencontre la mort
Où d'autres treuueroient la vie.

ASSEVRANCE D'AMOVR.

La mer ſera ſans poiſſons,
Le Roſsignol ſans chanſons
Et les Lauriers ſans verdure,
L'Eſté n'aura point de grains,
L'Hyuer ſera ſans froidure
Et l'Automne ſans raiſins.

Le Printemps ſera ſans fleurs,
Les tulippes ſans couleurs
Et les roſes ſans épines,
Les Spheres ſans mouuement,
Quand pour vos beautez diuines
Ie ſeray ſans ſentiment.

L'IMPVISSANCE d'Amour.

L'Amour peut bien nous charmer,
Son feu peut nous enflammer
Iusqu'à nous réduire en cendre,
Il peut nous charger d'ennuys,
Mais il ne me sçauroit rendre
Plus amoureux que ie suis.

LE NATVREL DE LA FEMME.

SE desalterer de nos pleurs,
Se plaire dedans nos malheurs,
Nous mettre aux fers & dans la flame,
Nous engager sans amitié,
Nous voir consommer sans pitié
C'est le naturel de la femme.

LES FLEVRS CONSERVEES durant l'Hyuer.

MADRIGAL.

L'Hyuer au retour de Philis,
Voit que les roses & les lys
Brauent l'effort de la froidure,
Et que le soin de la Nature,
Sur vn teint si charmant luy donne autãt d'appas
Que si le froid ne regnoit pas.

LES BEAVX YEVX.

MADRIGAL.

On peut voir en vn moment
Naistre vn autre firmament
Par l'ordre des destinées,
Mais il faut bien cent années
A la puissance des Dieux
Pour faire d'aussi beaux yeux.

PRIERE A L'AMOVR.

MADRIGAL.

AMour, ie commets à ta garde
Cette belle que ie regarde
Comme vn gage bien precieux,
Et qui pourroit charmer les Dieux.
Que le ſoin de ſa belle vie
Contente ta plus haute enuie.
Fay que ſon cœur ſelon mes vœux
Dans vne conſtance immuable
Ne partage iamais ſes feux,
Que ſa foy ſoit inuiolable,
Et qu'elle ne ſoit point capable
Apres ſes ſermens amoureux
D'vne legereté blâmable.

LA LETTRE AMBIGVE.

MADRIGAL.

PApier, confident de nos flames,
Par qui nous nous ouvrons nos ames;
Secret témoin de nos plaisirs,
De nos soins & de nos desirs;
Toy, par qui nous brauons la peine
D'vn jaloux toûjours à la géne,
Que m'apportes-tu de nouueau?
Que fait Madame, & que dit-elle?
Son visage est-il aussi beau?
O grand Dieu l'étrange nouuelle!
I'apprens qu'vne fiévre cruelle
La mettra bien-tost au tombeau,
Mais qu'elle me sera fidelle.

LA LAIDE INSOLENTE.

MADRIGAL.

IE voudrois bien sçauoir pourquoy
Vous entreprenez tant sur moy?
Pourquoy vous me traitez d'esclaue?
Pourray-je incessamment souffrir que l'on me braue?
Et qu'auec fort peu de beauté
Vostre inflexible cruauté
Me rebute auec insolence,
I'en souffrirois la violence
Si ie me voyois maltraité
Par vn sujet digne de ma constance.

LES PAS INVTILES.

C'Est prendre vn soin bien inutile
De courir par toute la ville
Pour admirer des raretez,
On pourra venir voir ma belle,
On n'a qu'à contempler en elle
Vn recueil de mille beautez.

LE DESTIN D'VN Amoureux.

STANCES.

SEruir vn esprit delicat
Que tout choque & que tout ombrage,
Qui tantost le traitte de sage
Et tantost le traitte d'ingrat.

Prendre loy de ses passions,
S'assujettir à ses caprices,
Et n'oublier point d'artifices
Pour iuger ses intentions.

Craindre vn traitement rigoureux,
N'auoir pas deux heures heureuses
Entre vn nombre de malheureuses,
C'est le destin d'vn Amoureux.

POVR LES YEVX de------

TEs yeux lancent des feux de qui la violence
Est si douce & pleine d'attraits,
Que pour les efforts de leurs traits
Les plus indifferens n'ont point de resistance.

LES PLAINTES REBVTEES.

IE fay tout ce qui m'est poßible
Pour te rendre vn peu plus sensible;
Mais tu te ris de mon tourment,
Et si ie t'appelle cruelle,
Tu dis que i'ay tort seulement,
De me plaindre d'vn mal dont la cause est si belle.

POVR VNE PEINTVRE de Narcisse.

LE Garçon que cette peinture
Nous represente en ce Tableau,
Se mirant sur le bord de l'eau
Eut vne tragique avanture.
Il ayma: mais son amitié
Ne fut qu'vn objet de pitié,
Et luy fut aussi-tost funeste.
N'est-ce pas vn étrange sort?
Que cherchant vn objet celeste
Il ne rencontre que la mort.

LES FLEVRS IMMORTELLES.

FLore n'étale des fleurs
Et n'entretient leurs couleurs,
Quoy que leur mort l'interesse,
Qu'en la saison du Printemps,
Mais on en void en tout temps
Sur le teint de ma Maistresse.

SERMENS D'AMOVR.

STANCES.

IE veux que l'ire des Dieux
M'accable de leur tonnerre,
Si iamais dessus la terre
I'adore rien que vos yeux.

Que ie treuue sous mes pas
Des poisons & de la flame,
Si iamais dedans mon ame
Ie loge d'autres appas.

Le Monde sera sans iour
Le froid dissoudra la glace,
Les Cieux changeront de place,
Quand ie changeray d'Amour.

LE NATVREL DE PHILIS.

SE mocquer de mes déplaisirs,
Brauer mes maux & mes soûpirs,
Rire de voir couler mes larmes,
Cacher des soucis sous ses lys
Et des épines sous ses charmes,
C'est le naturel de Philis.

LE CONTRE-SENS.

MOderer son ambition,
Sçauoir regler sa paßion,
Ne point trop vanter son merite,
Agir d'vn iugement bien meur
Et témoigner de la conduite,
C'est le rebours de vostre humeur.

L'EXTRÉME BEAVTÉ

ON peut faire vn Monde nouueau,
On peut voir vn Soleil plus beau,
La Lune peut estre mieux faite,
Les Cieux peuuent estre embellis:
Mais on ne peut pas voir Philis,
Dans vne beauté plus parfaite.

LA DISSIMVLEE.

QVelle est la belle que i'adore?
Que puis-je esperer sous ses loix?
Sinon de mourir mille fois
Si ie m'y veux ranger encore.
Ne faisant que dissimuler
Elle me presse de parler
De ce que ie souffre pour elle:
Mais quand i'en fay mon entretien
Pour rendre ma peine eternelle,
Elle dit qu'elle n'en croit rien.

VNE BELLE SE PLAINT de froid.

MADRIGAL.

TV dis que tu ſens vn grand froid,
Et que ſi i'approchois le doigt
Ou de tes mains, ou de ta iouë,
Ie te prendrois pour vn marbre mouuant.
Sans te toucher, cruelle, ie t'auouë,
Que tu n'es rien qu'vn albatre viuant.

A PHILIS.

LA Nature en naiſſãt t'a fait aſſez de grace
Pour te garentir du trépas,
Elle a muny ton cœur & ton ſang d'vne glace
Que la fiévre ne fondroit pas.

L'OMBRAGEVSE.

QVe vostre esprit est ombrageux,
Et que vostre ame est delicate,
Ie devrois la nommer ingrate
Et vos ombrages outrageux:
N'est-ce pas vne ingratitude
Que d'auoir de l'inquietude
Lors que ie vous veux approcher,
Moy, dont la flame est si discrette
Qu'elle est assez souvent muëtte
Par la crainte de vous fâcher?

LE CHANGEMENT necessaire.

GRace aux dédains de la Volage
Que i'aymois auec tant d'ardeur,
Ie puis voir auecque froideur
Tous les appas de son visage,
Ie treuuois cet amour charmant,
Et i'en dépendois tellement
Que rien ne m'en pouuoit distraire:
Mais son injuste cruauté
A fait ce que ie n'ay pû faire
Et m'a remis en liberté.

LE BRACELET.

MOn Dieu ! que Philis eſt aymable !
Que tout ce qu'elle fait me plaiſt !
Ie croy que ſon ſoin fauorable
N'agit que pour mon intereſt,
Sçachant bien que ie fay des vœux
Pour viure toûjours dans ſes génes,
La belle renforce mes chaiſnes
Par vn tiſſu de ſes cheueux.

A MADAMOISELLE M. H.

ATtendez-vous que vous aime
Apres m'auoir si mal traitté,
Pensez-vous que vostre beauté
Me rende aueugle pour moy-mesme?
Ie tasche à me rendre en des lieux
Où ie puisse adorer vos yeux
Sans peur qu'vn ialoux nous outrage:
Mais vous montrez tant de rigueur,
Que vous obligez mon courage
A vous effacer de mon cœur.

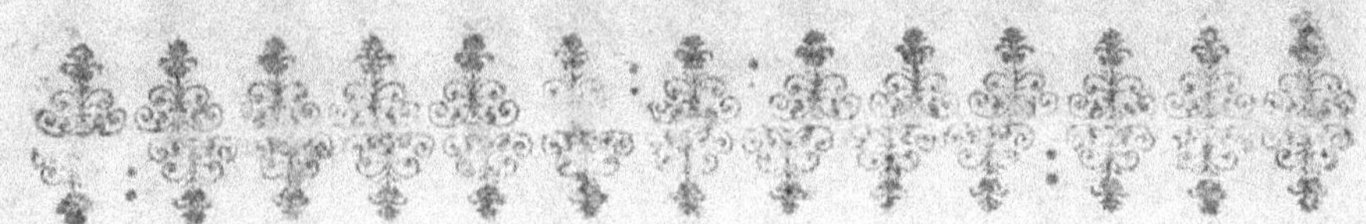

L'INCREDVLE.

STANCES.

POuuez vous bien iurer que vous n'en croyez rien ?
Et que tous les tourmens qu'vn secret entretien
A peu decouurir à mon ame,
N'ont peu vous asseurer qu'aymant en vn haut poinct
Vos yeux ont allumé ma flame,
Et que c'est vn brazier qui ne s'éteindra point.

Apres tant de souspirs & de pleurs répandus,
Apres tant de deuoirs vainement dépendus,
Le pouuez vous bien dire :
Mais si dans le dépit qui me vient embrazer
Vous voyez mon cœur qui souspire,
N'est ce pas vn objet à vous desabuser ?

Apres que ie vous ay long temps entretenu
D'vn ton mal asseuré, mais d'vn air ingenu
De mes feux & de mes supplices,
Y puis ie repenser sans souffrir le trépas?
Pour me payer de mes seruices
Vous dites que mes soins ne vous paroissent pas.

Helas! ie cognoy bien qu'il me faut sous vos loix
Souffrir du moins autant qu'Iphis fit autrefois
Pour vne ame autant inhumaine,
Et que ie ne sçaurois esperer plus de bien
Si quand ie vous conte ma peine
Vous me dites toûjours que vous n'en croyez rien.

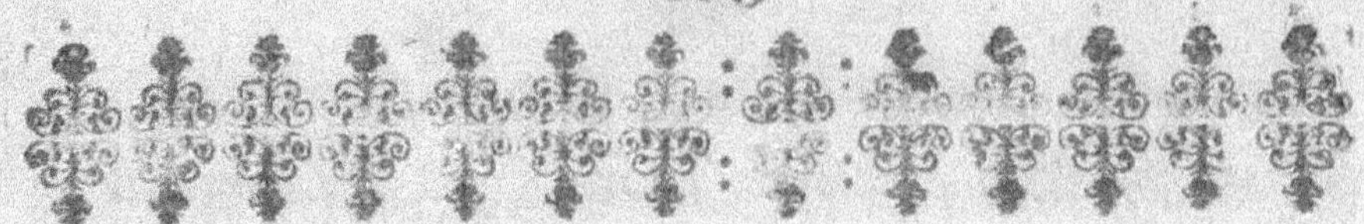

LE CONTENT TRAVERSÉ.

STANCES.

IE viuois en repos, i'auois l'esprit tranquille,
I'adorois les objets qui me plaisoient le plus,
Ie ne m'attachois pas à rien de difficile,
Et ne m'engageois point en des soins superflus.

Ie ne pensois à rien qui ne fust raisonnable;
Ie n'aimois qu'en des lieux où i'estois estimé,
Et l'objet le plus beau n'eust pas esté capable
De me plaire vn moment, s'il ne m'eust pas aimé.

La moindre cruauté de la plus belle Dame,
Malgré tous ses appas glaçoit mes volontez,
Le doute d'vn mespris faisoit mourir ma flame,
Eust elle eu pour sujet de celestes beautez.

Encore que i'aimasse vn objet plein de charmes,
Mon esprit neanmoins n'auoit point de soubçon.
Vn autre luy parloit sans me donner d'alarmes,
Et le voyois content sans auoir de frisson.

Rien ne manquoit du tout à l'aise de ma vie,
I'estois aimé, i'aimois, mais sans m'inquieter,
Les plus heureux pouuoient me porter de l'enuie,
Ne prenant point de soin que pour me contenter.

Cependant vn Demon, dont la secrette rage
N'a peu voir mõ bõheur sans soudain le troubler,
Dans mon esprit credule a semé de l'ombrage,
Et de mille soucis est venu m'accabler.

Il me fit voir vn iour vne beauté charmante,
Dont les yeux estoient vifs, & le teint delicat,
Les roses & les lys de l'Aurore naissante,
Nous annoncent le iour auecque moins d'éclat.

Ces beautez n'estoient rien que foibles apparẽces,
Elle auoit des thresors beaucoup plus éclatans,
Son esprit merueilleux auoit des connoissances
Qu'on ne peut s'acquerir qu'auec beaucoup de tẽps,

Outre ces qualitez qui la rendoient aymable,
Vne grande douceur animoit ses appas,
Si bien que ie pensay que le Ciel fauorable
Me presentoit des fers qu'vn Dieu ne fuiroit pas.

Ie ne marchãday point, i'entray dedãs ses chaines,
Ma raison preuenuë adora sa prison,
Mais l'amour que tousiours i'auois suiuy sãs peines,
En me montrant des fleurs me donna du poison.

Helas! que le cruel m'a fait verser de larmes!
Que ces fers ont esté mortels à mes plaisirs!
Depuis ce iour fatal tousiours dans les allarmes,
Ie n'ay point respiré que l'air de mes soûpirs.

L'objet que i'auois veu si charmant & si rare,
N'a point eu pour mes soins que d'injustes rigueurs,
Et s'il faut neantmoins que mon cœur s'en separe,
Ie doy me preparer à bien d'autres langueurs.

Ie ne sçaurois flechir la beauté que i'adore,
Mes soins & mes deuoirs irritent ses dedains,
Et mon esprit pourtant la veut aymer encore,
Bien qu'il n'espere point de fruit de ses desseins.

Ie suis bien malheureux de me voir tout en flâme
Sans pouuoir échauffer ce cœur dénaturé,
Et si l'Amour enfin ne fait changer son ame
Sa rigueur me fera mourir desesperé.

C'est ainsi que Tirsis plein d'Amour & de crainte,
Racontoit ses malheurs & sa felicité,
Et concluoit fort bien dans la fin de sa plainte
Que l'on treuue en nos biens peu de stabilité.

LA RETRAITE auantageuse.

STANCES.

PVisque c'est vn destin qu'on ne peut euiter,
Qu'il faut ou que ie meure, ou que ie me retire,
Ie ne veux plus m'inquieter,
Ny viure dessous vostre empire.

Ie romps auec plaisir des fers si dangereux,
Ie sors d'vne prison fatale à mes delices,
Et ie ne suis plus amoureux
Pour n'estre plus dans les supplices.

L'objet de mes respects, ny celuy de mes feux,
Ne vous ont iamais pû rẽdre vn peu plus humaine,
Et ie n'osois faire de vœux
Pour me tirer de cette peine.

Vous auez combattu cette timidité,
Vostre injuste rigueur m'a donné de l'audace,
Et sans vostre seuerité
Ie plaindrois encor ma disgrace.

Mais voyant que mes soins ne vous pouuoien
toucher,
Que toûjours pour mes feux vous estiez inflexible,
Ie n'ay plus voulu m'attacher
A flechir vne ame insensible.

Adieu donc pour iamais orgueilleuse beauté,
Dont les yeux sont si doux & l'humeur si seuere,
Ie vay blasmer en liberté
Vos dédains & vostre colere.

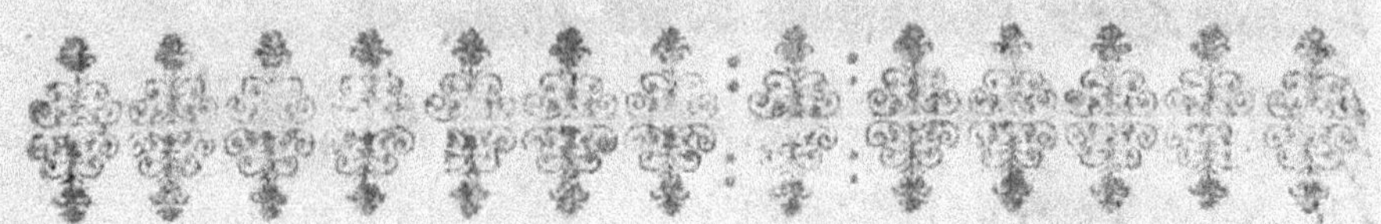

L'INDISCRETION auantageuse.

STANCES.

Hier en regardant son visage,
Picqué d'vne secrette rage,
Ie disois, n'osant plus l'aymer,
Faut il qu'elle soit si parfaite,
Ou que son humeur indiscrette
M'oblige à la mesestimer.

Quelle fortune puis je attendre,
A quel bonheur doy je pretendre
Quand i'en adoreray les traits?
Qu'obtiendray je de mes seruices
Si son ame a bien plus de vices
Que son visage n'a d'attraits.

Quand ie ſeray tout plein de flame,
Il faudra cacher en mon ame
Les plus ſecrets de ma paſſion,
Ie n'auray point de confidence,
Et n'oſeray prendre aſſeurance
Sur ſon peu de diſcretion.

Il faudra brûler ſans rien dire,
Ou ſi ſeulement ie ſoûpire
Croire que chacun le ſçaura,
Et quand dans vn peu de cholere
Ie la ſupplieray de ſe taire,
Iamais elle ne le pourra.

Il eſt vray qu'elle a bien des charmes,
Et que ſes regards ſont des armes
A qui rien ne peut reſiſter,
Il eſt vray qu'elle eſt admirable,
Et que ſon viſage adorable
Eſt capable de tout tenter.

On ne peut, ſans eſtre inſenſible,
Obſeruer cét Ange viſible
Qu'on n'en adore les beautez,
On ne peut regretter ſes genes,
Ny ſonger à rompre les chaiſnes
Dont elle nous tient arreſtez.

Ce ſont des étraintes ſi rares,
Que les ames les plus barbares
Ne les veulent pas refuſer,
Ce ſont des chaiſnes adorables
De qui les nœuds ſont ſi durables
Que le temps ne les peut vſer.

Pourquoy donc les refuſeray je?
Et pourquoy meſeſtimeray-je
Ce que ie deurois rechercher?
Adorer la belle Syluie
Eſt vn ſort ſi digne d'enuie
Que rien ne doit m'eſtre plus cher.

Aimons là donc cette inégale,
En qui d'vne main liberale
Les Dieux ont mis tant de thresors,
Et quoy qu'on remarque en son ame
Des defauts si dignes de blasme,
Aimons les beautez de son corps.

Mais comment aimer cette belle,
Si son humeur est si rebelle
Aux loix de la discretion!
Chacun sçaura si ie soupire,
Et ie n'oseray pas luy dire
Vn mot de mon affection.

Elle m'a desja fait des pieces
Qui me feroient quitter Maistresses,
Amour, soubsmißions & vœux,
Et ie voy bien, si ie l'adore,
Qu'il m'en faudra souffrir encore
Qui peut estre esteindront mes feux.

Mais i'y treuue tant d'auantage;
Voudrois-ie qu'elle fut plus ſage
Et d'vn iugement plus parfait?
Si quand elle ſe iuſtifie
Il faut qu'vn baiſer ratifie
Les excuſes qu'elle me fait.

Non, non, mon ame, il ſe faut rendre,
Ne cherchons plus à nous defendre
D'vn œil qui doit tout maiſtriſer?
Ne la prions plus de ſe taire,
Si les diſcours qu'elle peut faire
Nous valent toujours vn baiſer.

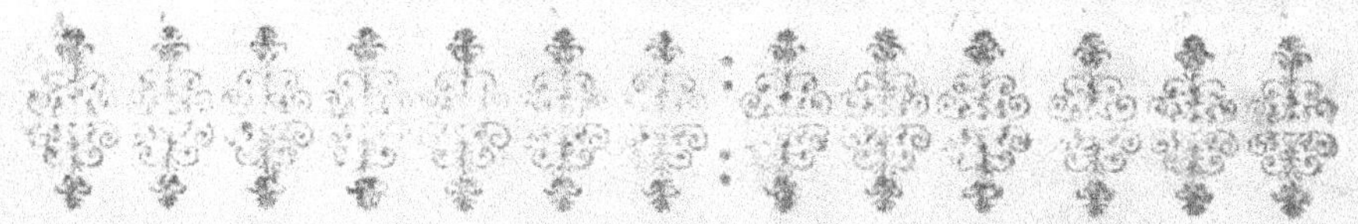

REFLEXIONS SERIEVSES.

STANCES.

PHilis, quand ie viens à penser
Qu'vn iour on vous verra passer
De la gloire à la sepulture,
Et que vos ornemens diuers
Malgré le soin de la Nature
Seront la pasture des vers.

Ie me dégouste de l'Amour,
Ie fay serment que quelque iour
Ie n'adoreray plus vos charmes,
Et par vn sentiment discret
Ie ne verseray plus de larmes,
Sinon des larmes de regret.

Desia dans des pensers si saints
Mon ame forme des desseins
D'aimer des objets plus durables,
Et portant plus haut ses desirs
En des beautez plus admirables
Treuue ce qui fait ses plaisirs.

Oüy, ie suis guery, c'en est fait,
Ie sens qu'vn objet plus parfait
Me donne des flâmes plus belles,
Et dans de si saintes ardeurs
Je n'ay pour des beautez mortelles
Que des dedains & des froideurs.

A l'objet de ces feux sacrez,
Mes sens qui s'estoient égarez
Reuiennent à leurs exercices,
Et repensant à vos attraits,
Mettent leur gloire & leurs delices
A n'en plus souffrir les portraits.

Et quand on verroit dans vos yeux
Des traits cent fois plus gratieux,
Que ceux dont ils nous éblouyssent
Par la seule reflexion,
Qu'il faut que ces clartez perissent
On les doit voir sans paßion.

Außi quand on voit vos appas,
Subiets aux rigueurs du trepas,
Et qu'vne froide sepulture,
Perdant vn ouurage si beau,
Fera voir par ceste auanture,
Que rien n'echappe du tombeau.

Il faudroit estre bien atteint
Du vif éclat de vostre teint,
Pour encore en aymer les roses,
Ou se laisser bien éblouyr,
Pour trouuer icy bas des choses
Capables de nous réjouyr.

Non, non, il faut que nostre amour,
Se detachant de ce seiour
Nous donne de plus pures flames,
Et que de celestes subiets
Viennent imprimer en nos armes,
Le mépris des autres obiets.

Aussi charmé de leurs clartez
Ie considere vos beautez,
Ainsi que les beautez du verre
Dont le lustre est si delicat,
Qu'aussi-tost qu'il tombe par terre
On luy voit perdre son éclat.

FIN.

Extraict du Priuilege du Roy.

PAr grace & Priuilege du Roy donné à Paris le dernier Auril 1645. signé par le Roy en son Conseil, CROISET, il est permis à Cardin Besongne, Marchand Libraire à Paris, d'imprimer, vendre & distribuer vn liure intitulé, *Recueil de diuerses Poesies*: Et deffences sont faites à toutes sortes de personnes que ce soit de l'imprimer ny faire imprimer, vendre ny debiter pendant le temps de sept ans, sur peine de mil liures d'amende, & de tous despens, dommages & interests, comme plus amplement est contenu par lesdites lettres de Priuilege.

Acheué d'imprimer le 21. Iuin 1646.

www.ingramcontent.com/pod-product-compliance
Ingram Content Group UK Ltd.
Pitfield, Milton Keynes, MK11 3LW, UK
UKHW021537260726
13993UKWH00002B/542